TU RECETARIO SELECTO

ROSARIO ROMERO

Luis González Obregón 5-B Col. Centro
Delegación Cuauhtémoc
C.P. 06020 Tels: 55-21-88-70 al 74
Fax:55-12-85-16
editmusa@mail.internet.com.mx
www.editmusa.com.mx

Miembro de la Cámara Nacional
de la Industria Editorial, Reg. No. 115

ISBN 968-15-0854-8

4a. Edición, abril 2001

Impreso en México
Printed in Mexico

TU RECETARIO SELECTO

ROSARIO ROMERO

Colección Una Vida Mejor

editores mexicanos unidos, s.a.

COCTELES

SANGRIA

INGREDIENTES

1/2	*litro de jugo de naranja*
1/4	*litro de agua*
1/4	*litro de vino tinto*
2	*cucharadas de jugo de limón*
350	*gramos de azúcar*
	hielo

Procedimiento: Deshacer bien el azúcar en el agua, agregar los jugos y el vino. Servir en vaso poniéndole el hielo finamente picado.

MEDIAS DE SEDA

INGREDIENTES

1/2	*vaso de ginebra o ron*
1/2	*vaso de jarabe de granadina*
1/4	*de lata de leche condensada*
2	*cucharadas de nuez picada*
8	*cubos de hielo picado*
	canela para espolvorear las copas
	cerezas para adornar

Procedimiento: Se colocan todos los ingredientes, excepto las cerezas y la canela, en la licuadora. Se licua hasta que quede el hielo finamente picado. Se sirve en copas de coctel y se adorna con una cereza y se espolvorean con canela.

BLOODY MARY

INGREDIENTES

2	*copitas de vodka*
1 1/2	*tazas de jugo de tomate*
1/4	*taza de jugo de limón*
1/4	*de cucharadita de salsa inglesa*
1/4	*de cucharadita de sal*
1/8	*de cucharadita de pimienta*
2	*gotas de salsa Tabasco*

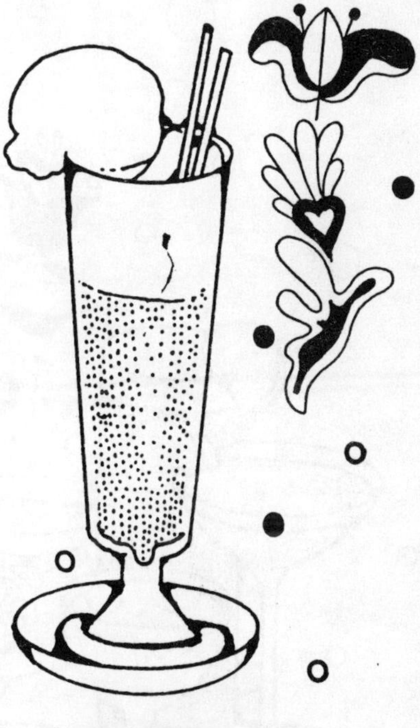

Procedimiento: Se licuan todos los ingredientes y se sirven en vasos altos. Se le agrega hielo al gusto.

MINT FRAPPE

INGREDIENTES

1	*copita de jerez*
1/2	*taza de hielo picado*
1	*cucharadita de azúcar*
2	*cucharaditas de crema de cacao*
1	*huevo*
	nuez moscada

Procedimiento: Coloque todos los ingredientes indicados en una coctelera, agite bien y sirva en copas de coctel con una pizca de nuez moscada.

REFRESCO DE FRUTAS

INGREDIENTES

- 1 1/4 *tazas de leche condensada*
- 2 *tazas de jugo de naranja*
- 2 *tazas de frutas frescas picadas*
- 3 *botellas de ginger ale o agua mineral*

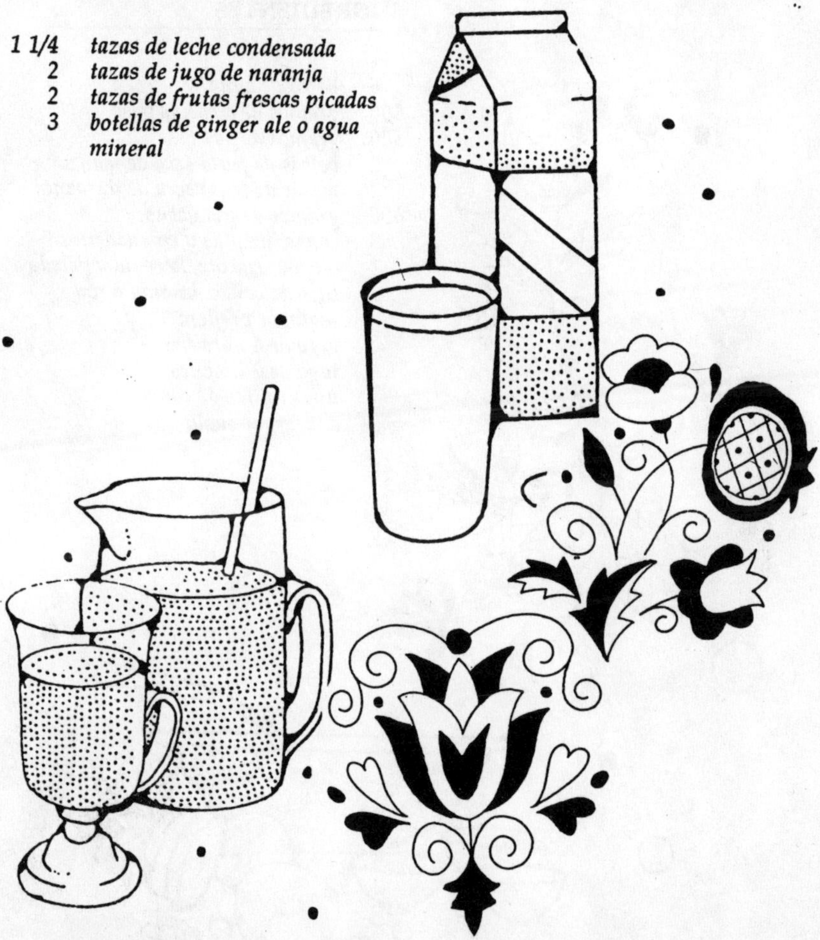

Procedimiento: Mezcle la leche condensada con el jugo de naranja y las frutas picadas. Refrigere 3 o 4 horas. En el momento de servir añada el ginger ale o el agua mineral.

PONCHE DE FRUTAS (secas y frescas)

INGREDIENTES

- 6 *litros de agua*
- 500 *gramos de ciruelas pasa*
- 500 *gramos de pasitas*
- 2 *bolsas de fruta seca de manzana*
- 2 *bolsas de fruta seca de durazno*
- 500 *gramos de guayabas*
- 3 *cañas, limpias y en cuadritos*
- 1 *kilo de tejocote, hervido y pelado*
- 1 *litro de coñac, brandy o ron según se prefiera*
- *jugo de 4 naranjas*
- *jugo de 2 limones*
- *unas rajitas de canela*
- *azúcar, al gusto*

Procedimiento: En una olla se ponen todos los ingredientes a que hiervan una hora y al final se le agrega el licor.

Botanas Y Entradas

QUESO CON AJONJOLI

INGREDIENTES

1 *queso Philadelphia grande*
4 *cucharadas de salsa inglesa*
2 *cucharadas de jugo Maggi*
100 *gramos de ajonjolí*
sal y pimienta, al gusto
sal de ajo y cebolla

Procedimiento: Se mezclan la salsa inglesa, el jugo Maggi, sal y pimienta. En esta mezcla se deja reposar el queso durante unos 15 minutos, dándole vuelta para que todos sus costados se impregnen de la salsa.

En un plato, se pone el ajonjolí y se revuelca allí la pieza de queso para que quede forrada totalmente, ya para servirse se vacía la salsa sobrante. Se sirve con galletitas para untar.

DIP DE OSTION AHUMADO

INGREDIENTES

1	*latita de ostiones ahumados*
1/2	*botellita de mayonesa*
1/2	*botellita de crema*
	chipotle adobado, al gusto
	cuadritos de tortillas doradas

Procedimiento: Se muelen todos los ingredientes en la licuadora, para formar el dip. Se sirve en tortillas partidas y doradas en aceite.

FONDUE

INGREDIENTES

2	*tazas de vino blanco*
500	*gramos de queso gruyère*
2	*cucharadas de harina*
2	*cucharadas de maizena*
1/2	*cucharadita de sal*
1/8	*cucharadita de nuez moscada*
1/8	*cucharadita de sal de ajo*
8	*bolillos rebanados*
	pimienta, al gusto

Procedimiento: En un recipiente para fondué derretir el queso a fuego lento. Añadirle los demás ingredientes uno a uno, menos el bolillo. Dejar hervir un rato. Se come remojando un pedazo de bolillo en el queso.

ANTIPASTO DE ANCHOAS

INGREDIENTES

- *1 lata de anchoas*
- *1 queso Philadelphia grande*
- *2 cucharadas grandes de crema*
- *3 cucharadas de cebollín rallado*

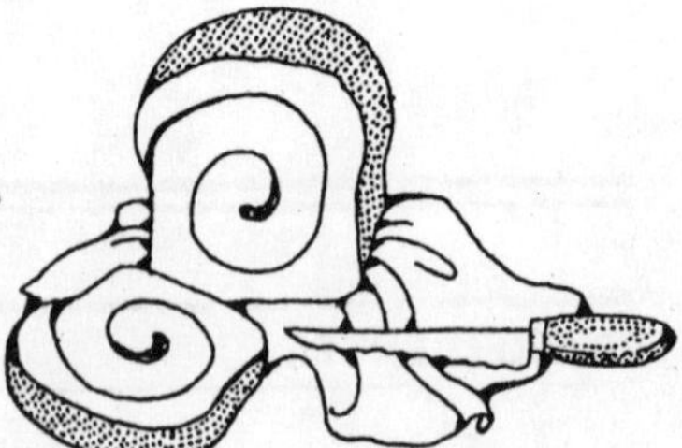

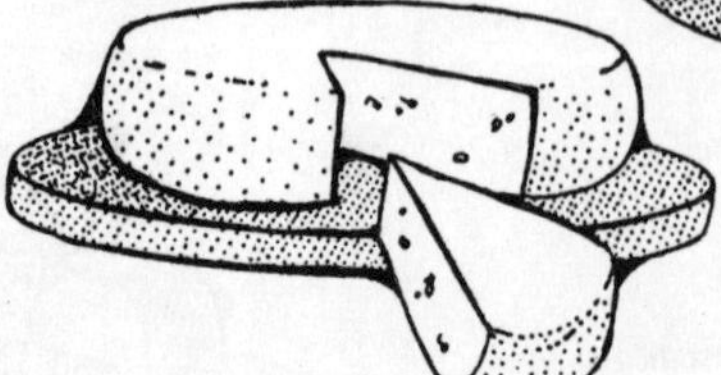

Procedimiento: Revolver todos los ingredientes con una raspa hasta que quede una pasta.

Hacer un rollo y envolverlo bien con papel aluminio. Meter al congelador durante 6 horas. Se saca 20 minutos antes de servir. Se coloca en el centro de un platón y alrededor se adorna y come con galletas saladas.

HUEVOS

TORTILLA DE HUEVOS CON ANGULAS

INGREDIENTES

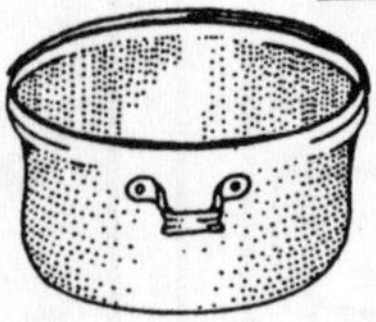

- 6 *huevos*
- 1 *lata de angulas*
- 1 *rebanada de cebolla muy delgada*
- 2 *cucharadas de aceite*
- 6 *cucharadas de aceite para hacer la tortilla*
- 1 *cucharada de perejil, finamente picado*
- *sal y pimienta, al gusto*

Procedimiento: Se ponen las dos cucharadas de aceite en una cacerola al fuego; cuando está bien caliente, se fríe la cebolla y cuando está transparente, se agregan las angulas, con todo y su aceite. Se sazona con sal y pimienta, al gusto. Se añade el perejil y se deja freír hasta que la cebolla está suave. Se retira del fuego y se le escurre el exceso de grasa. Las seis cucharadas de aceite se ponen en una sartén al fuego; cuando está bien caliente, se vacían los huevos que se habrán batido ligeramente y sazonado con sal. Cuando han cuajado de la parte de abajo, en el centro de la tortilla se ponen las angulas y con mucho cuidado y ayudándose con una cucharada plana, se va enrollando poco a poco la tortilla. Una vez enrollada, se deja dorar ligeramente y se vacía en un platón. Se espolvorea con perejil picado y se sirve inmediatamente.

HUEVOS EMPANIZADOS

INGREDIENTES

8	*huevos cocidos*
1	*lata chica de jamón del diablo*
1	*cucharada de crema*
1	*cucharadita de mostaza*
1	*huevo entero*
50	*gramos de pan molido*
1/4	*de litro de aceite*
	sal y pimienta

Procedimiento: Una vez cocidos y fríos los huevos se pelan y se parten por la mitad, a lo largo. Con mucho cuidado se sacan las yemas y se revuelven con el jamón, la crema, mostaza, sal y pimienta. Con esta pasta se vuelven a llenar las claras y se juntan de dos en dos para volver a formar el huevo. Se pasan por el huevo un poco batido y sazonado con sal, se revuelcan en el pan y se fríen en aceite bien caliente. Cuando están doraditos de ambos lados se retiran del aceite y se ponen sobre un papel, para quitarles el exceso de grasa. Se colocan en un platón sobre hojas de romanita. Se sirven bien calientes.

HUEVOS CON POBLANOS

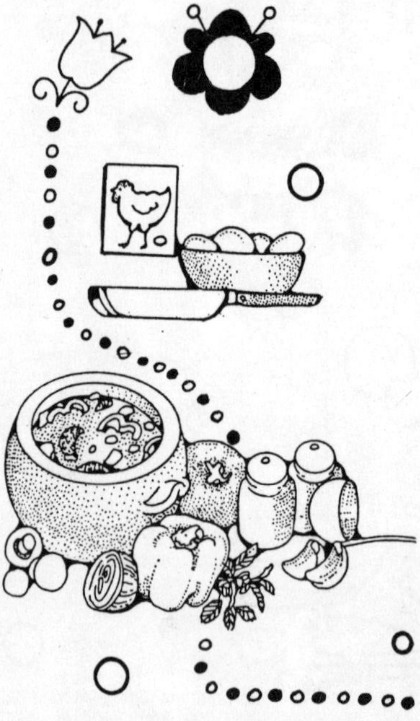

INGREDIENTES

8	*huevos cocidos*
1	*cucharadita de cebolla finamente picada*
1	*cucharadita de perejil finamente picado*
1	*cucharadita de mostaza*
1	*cucharada de mayonesa*
500	*gramos de chiles poblanos*
1	*lata chica de pimientos morrones*
1	*taza de mayonesa*
4	*cucharadas de aceite*
	sal, pimienta y Ajino-Moto, al gusto

Procedimiento: Los chiles se asan, se pelan, se desvenan y cortan en rajas. El aceite se pone en una cacerola al fuego y cuando está bien caliente, se fríen las rajas, se sazonan con sal y Ajino-Moto y se dejan en el fuego hasta que están suaves. Se dejan enfriar y se colocan en un platón. Los huevos ya cocidos y fríos, se pelan y cortan por la mitad, a lo largo. Se les saca la yema y se revuelven con la mayonesa, cebolla, perejil, mostaza, sal y pimienta. Con esta pasta se vuelven a llenar las claras y se colocan, boca abajo, sobre las rajas. Se cubren con la mayonesa y se adornan poniendo sobre cada huevo y alternadas, una rajita de pimiento y otra de poblano.

SOPAS

SOPA DE POLLO AL CURRY

INGREDIENTES

3	*litros de consomé de pollo con poca sal*
4	*pechugas cocidas*
100	*gramos de mantequilla*
1 1/2	*cebollas picadas*
3	*zanahorias picadas*
1/2	*apio picado*
3	*jitomates picados en cuadritos*
1	*pimiento verde picado*
1	*manzana picada*
3	*ramas de perejil*
4	*dientes de ajo*

SAZONAR CON:

3	*cucharaditas de curry*
4	*clavos*
1/2	*cucharadita de pimienta negra molida*
3	*cucharadas de consomé en polvo*

Procedimiento: Calentar la mantequilla en una cacerola, añadir las verduras picadas y dejar a fuego lento agregándole los ingredientes de sazón. Agregar los 3 litros de consomé y dejar cocer 20 minutos. Ya cocidas las verduras se cuelan guardando el caldo y se muelen en la licuadora con un poco de caldo y dos de las cuatro pechugas. Las otras dos se pican en cuadritos. Calentar el caldo agregándole las verduras y pechugas molidas y las pechugas picadas. Se deja hervir probándolo de sal.

VICHYSSOISE

INGREDIENTES

50	*gramos de mantequilla*
1	*cebolla*
3	*poros*
4	*papas*
1	*litro de caldo*
1/4	*litro de crema ligera*
	cebollitas o perejil (para el decorado)

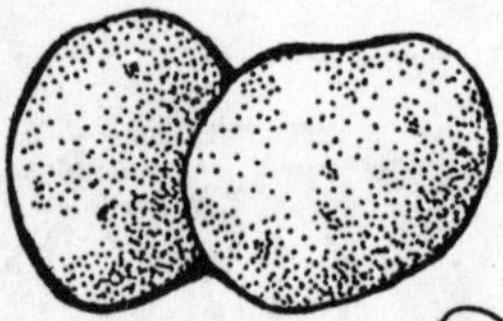

Procedimiento: Derretir la mantequilla al fuego. Dorar a fuego muy lento la cebolla y los poros finamente picados, moviendo sin parar. Añadir las papas en rebanadas, agregar el caldo. Dejar cocer hasta que las papas estén tiernas. Pasar por pasapurés. Enfriar. Desengrasar, en el momento de servir añadir la crema.

Servir en taza sobre hielo frappé. Adornar con un palillo de cebollitas y perejil.

CALDO DE CAMARON AL CHIPOTLE

INGREDIENTES

1/4	*de camarón seco*
500	*gramos de camarón fresco*
3	*zanahorias*
2	*huesos de puerco*
2	*jitomates asados*
	chipotle adobado, al gusto
3	*papas*

Procedimiento: En una olla con agua se pone a hervir el camarón seco ya limpio y descabezado, con los dos huesos de puerco a que suelte su sabor. En una cacerola se fríe en un poco de manteca las zanahorias picadas en cuadritos, se agrega la papa también en cuadritos, el jitomate asado, molido y colado con un chipotle.

Una vez sazonado este recaudo, mezclarlo a la olla del caldo de camarón. Diez minutos antes de servirse, soltar en el caldo los camarones frescos.

SOPA DE MARISCOS

INGREDIENTES

1	*frasco de ostiones*
1250	*gramos de camarones*
1250	*gramos de almejas*
4	*jaibas partidas en 4*
1250	*gramos de pescado de róbalo*
250	*gramos de jitomate asado*
500	*gramos de cebolla*
1	*diente de ajo*
1	*chile cuaresmeño*
2	*clavos*
4	*chiles serranos*
1	*rama de perejil*
	sal y pimienta

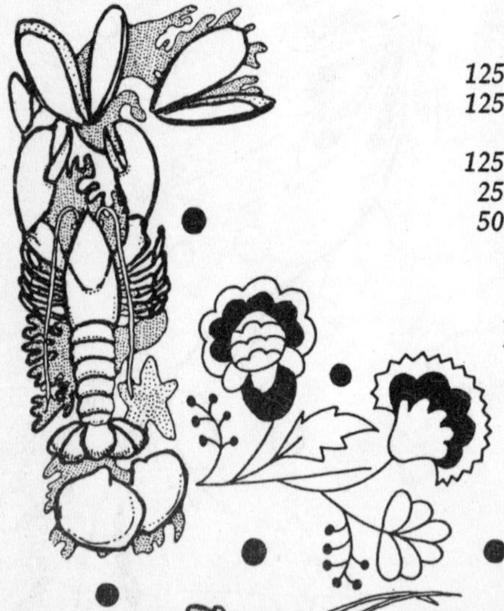

Procedimiento: En aceite de oliva se fríen los chiles serranos, se le agrega el jitomate ya molido con el ajo. Aparte se pone el pescado a que dé un hervor, con 2 clavitos y se separa el pescado del caldo.

Al caldo se le agrega la salsa, se sazona con sal y pimienta, se le agrega el chile cuaresmeño y la rama de perejil, se le agregan los mariscos y se deja hervir todo a fuego lento durante una hora. Poco antes de servir se le agrega el pescado desmenuzado.

PASTAS

SPAGUETTI A LA BOLOÑESA

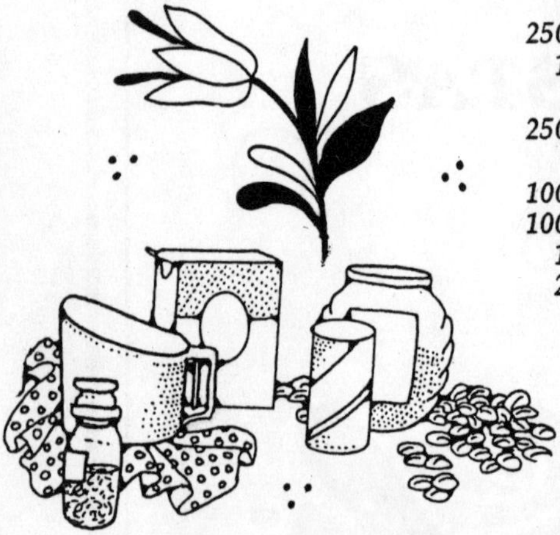

INGREDIENTES

250	*gramos de spaguetti*
1	*taza de tomate asado y molido con ajo y cebolla*
250	*gramos de carne de puerco molida*
100	*gramos de tocino*
100	*gramos de chorizo español*
1	*hoja de laurel*
2	*cucharadas de mantequilla*
	pimienta negra, al gusto
	queso Parmesano, al gusto
	consomé, al gusto

Procedimiento: Poner a cocer el spaguetti con agua, sal, cebolla, aceite y orégano. Cuando está cocido escurrirlos.

En una cacerola poner en el aceite el tomate, la carne, el tocino, el chorizo, consomé, laurel y pimienta negra; dejar que se cueza la carne a fuego lento. Cuando la carne está bien cocida, se revuelve con la pasta. Se pone en un refractario engrasado con mantequilla, se le espolvorea el queso encima y se mete al horno a gratinar.

CANELONES RELLENOS DE ESPINACAS Y CHAMPIÑONES

INGREDIENTES

1 *paquete de canelones*
1 *kilo de espinacas lavadas, picadas y hervidas*
1 *lata grande de champiñones en trocitos*
1 *lata de sopa de tomate Campbell's*
100 *gramos de mantequilla*
1/4 *de crema*
1 *cebolla finamente picada*
1/2 *cebolla*
300 *gramos de queso rallado tipo Manchego*
2 *cucharadas de aceite*
sal y pimienta

Procedimiento: Se hierven los canelones con sal, 2 cucharadas de aceite y un trozo de cebolla. Cuando ya estén casi cocidos, se ponen bajo el chorro de agua fría y se escurren. En el refractario engrasado se acomodan los canelones y se le vacía por encima la sopa previamente mezclada. Se les pone la crema y encima el queso rallado.

Se hornea hasta que el queso se funda y se junten las cremas.

BASES PARA CREPAS

INGREDIENTES

1	*taza de harina*
1/2	*taza de leche*
1/2	*taza de agua*
2	*huevos*
1	*cucharada de mantequilla derretida*
1	*pizca de sal*
1	*cucharada de germen de trigo*

Procedimiento: Se mezclan todos los ingredientes y se baten a que quede un atole.

NOTA: Deberán hacerse en crepera eléctrica.

CREPAS DE POLLO

INGREDIENTES

2 *pechugas de pollo deshebradas*
1 *frasco chico de aceitunas*
4 *jitomates molidos con ajo y cebolla*
1/2 *cebolla picada*
3 *dientes de ajo*
1 *jitomate rojo picado*
1/2 *litro de crema*
300 *gramos de queso Manchego rallado*
100 *gramos de mantequilla*
Masa para hot cakes sin Royal

Procedimiento: Se hacen las crepas con la masa de los hot cakes aguadita, a que queden delgadas y chicas. Las pechugas se hierven con agua, sal, cebolla y ajo. Cuando están tiernas se desmenuzan,

Se fríe en la mantequilla la cebolla y el ajo picaditos, ya que están transparentes se le agrega el pollo y se sigue sancochando, se agrega el jitomate picado, las aceitunas, se sazona con Knorr Suiza, pimienta y se deja cocinar a lumbre bajita. El jitomate molido se fríe en poquita mantequilla hasta que espese, se le agrega Knorr Suiza y pimienta, se le agrega el medio litro de crema y se revuelve bien. Se van rellenando las crepas con el pollo y se van acomodando en un refractario untado de mantequilla, se bañan con la salsa del jitomate y la crema y encima se les ponen el queso rallado y se hornean media hora.

EMPANADAS ARGENTINAS

INGREDIENTES Pasta:

- 1 *kilo de harina*
- 3 *huevos*
- 120 *gramos de mantequilla*
- 1 *cucharada al ras de sal*
- 1 *cucharada de Royal*
- *agua tibia*

INGREDIENTES Relleno:

- 750 *gramos de carne molida*
- 5 *cebollas grandes picadas finas*
- 1 *pimiento dulce picado*
- 1 *manojo de perejil picado*
- 3 *dientes de ajo*
- 1/2 *cucharadita de orégano*
- 6 *huevos duros picados*
- 100 *gramos de aceitunas verdes picadas*
- 1 *taza de queso Parmesano*
- *sal, pimienta, paprika*
- *y si desea chile al gusto*
- *aceite para freír*

Procedimiento de la pasta: Se mezcla la harina, sal y royal, se hace un hueco en el centro y se ponen los huevos y la mantequilla blanda. Se mezclan con el agua tibia y se amasa hasta que esté bien lisa, se corta la masa en 50 bollitos, más o menos, y se deja descansar 20 minutos.

Procedimiento del relleno: Se fríe la carne con aceite, se le agrega la cebolla picada, la pimienta, perejil y ajo, las especias. Cuando estén sazonadas se le pone el huevo, las aceitunas y el queso.

Se hacen las bolitas del tamaño de una tortilla chica, se le pone a éste una cucharada de relleno y se cierran muy bien, y se fríen con el aceite bien caliente, hasta que dore la masa.

PIZZA

INGREDIENTES

1	*taza de harina*
1	*pizca de sal*
1	*pizca de azúcar*
50	*gramos de levadura diluida en una taza de agua tibia*
5	*jitomates hervidos*
1	*frasco de aceitunas picadas*
250	*gramos de queso Manchego o Chihuahua rallado*
1	*cucharadita de orégano*
	sal y pimienta, al gusto

Procedimiento: Cernir la harina con la sal y el azúcar. Agregar la levadura y amasar con las manos a que quede una masa suave. Se deja reposar a que doble su tamaño.

Untar una charola redonda con un poco de aceite, extender la masa a que quede delgada. Pelar y exprimir el jitomate, se le pone encima de la masa un poco despedazado, ponerle un poco de sal. Añadir las aceitunas, el queso rallado y el orégano espolvoréandolo. Por último un chorrito de aceite de olivo. Meter al horno más o menos durante media hora.

PIZZA REGIA

INGREDIENTES

1	*taza de harina*
1/2	*taza de agua tibia*
1	*bolita chica de levadura*
3	*jitomates grandes y maduros*
200	*gramos de queso de Chihuahua rallado*
	sal, orégano, aceite de olivo
	aceitunas en rajitas al gusto

Procedimiento: En una palangana se disuelve con el agua tibia la levadura y la sal, se le agrega el harina, se amasa a que quede suave y se forma una bola, se deja reposar a que suba la masa lo doble de su tamaño. En una charola redonda para pizza se le pone aceite de olivo y se extiende la masa muy bien.

Se cubre con lo siguiente: Para pelar los jitomates se dejan 5 minutos en agua caliente y se rebanan delgados, se ponen en un colador a que suelten su jugo, por espacio de 15 minutos. Se acomoda el jitomate sobre la masa de la pizza, las aceitunas, orégano molido, un poco de sal y el queso rallado y se rocían con aceite de olivo. Se hornea durante 20 minutos a la hora de comer teniendo el horno caliente a 350ºC. Las aceitunas se pueden cambiar por jamón, anchoas o lo que se desee.

PAELLA

INGREDIENTES	
1	*kilo de arroz precocido*
6	*piezas de conejo*
6	*piernas con muslo partidas*
300	*gramos de carne de puerco en trozos*
400	*gramos de camarón crudo*
150	*gramos de chorizo en ruedas*
100	*gramos de jamón serrano picado*
400	*gramos de salchichas de puerco*
500	*gramos de almeja*
400	*gramos de calamar*
2	*pimientos morrones en tiras*
1	*cebolla picada*
4	*dientes de ajo*
	Aceite de olivo

INGREDIENTES Para el Caldo:

agua
hueso
tuétano
Knorr Suiza
azafrán
todo se pone a hervir

ADORNO:

1	*lata de chícharos*
1	*lata de ejotes*
1	*lata de pimientos*
1	*lata de alcachofas*

Procedimiento: Poner la paellera con agua a hervir y después tirarla (esto se hace para que la paellera no se pandee). Se le pone aceite de olivo a calentar. Ya caliente, poner la carne de puerco primero, una vez dorada, agregar el pollo a que dore, después el conejo y calamar. Agregar la cebolla y el ajo a sazonar. Después la salchicha, chorizo y el camarón a que se ponga rojo.* Luego los chiles morrones, el caldo colado y más agua simple. Después el jugo de las latas del adorno y que hierva un poco. Se espolvorea el arroz a que hierva, y se le va agregando más agua hasta que infle bien. Cuando está a medio secar, se cubre con trapo húmedo. Cuando vaporiza, se le quita el trapo y se *adorna* con el contenido de las latas.

**El jamón serrano y las almejas*

SALSAS

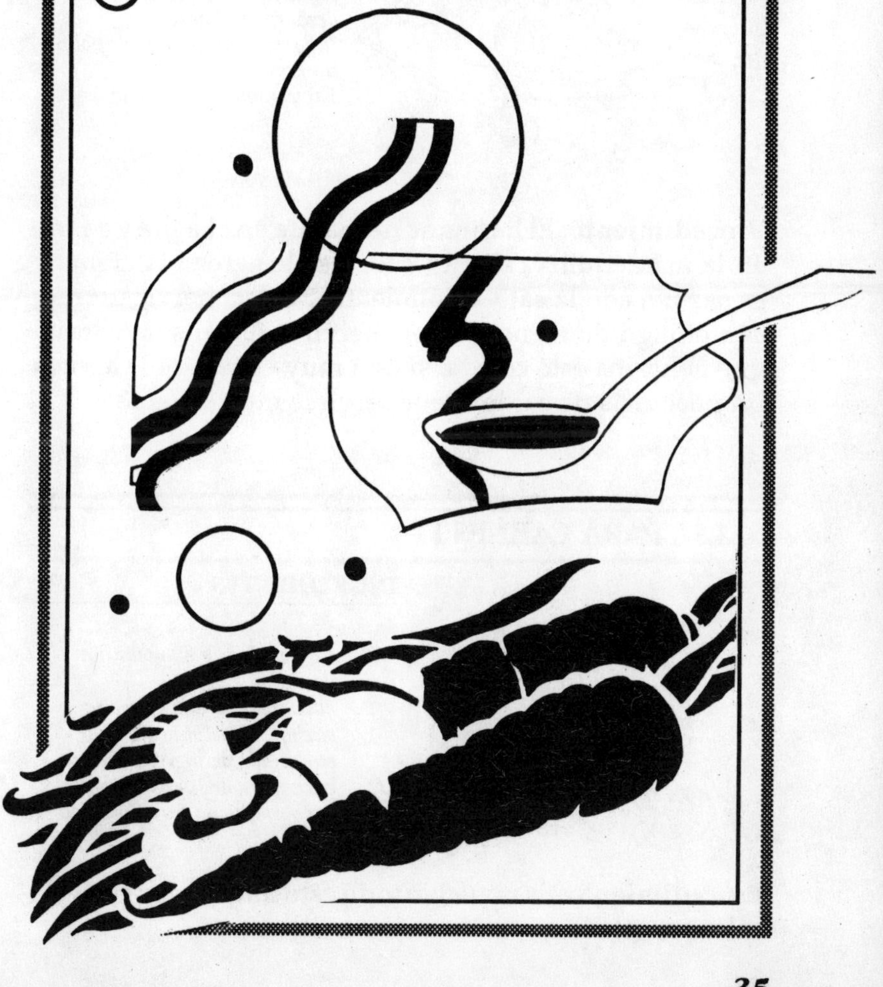

SALSA AGRIA

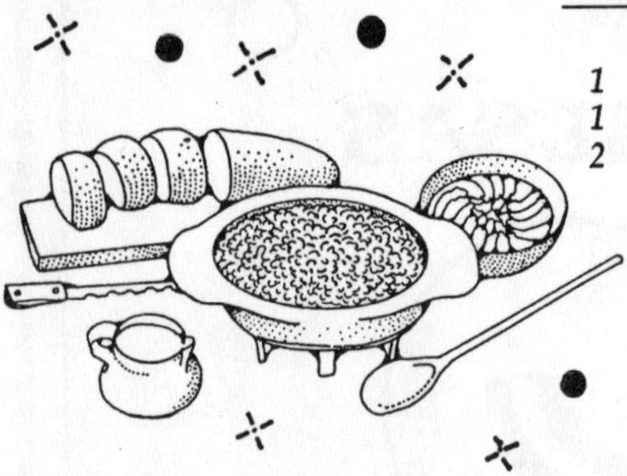

INGREDIENTES

1 cucharada de harina
1 cucharada de mantequilla
2 cucharadas de crema agria
Agua fría, la necesaria para desbaratar el harina
Jugo de carne o caldo de pollo un poco
Sal y pimienta, al gusto.

Procedimiento: El harina se desbarata en el agua y se fríe en la mantequilla caliente, luego se le agrega la crema y se sazona con la sal y la pimienta. Se deja hervir un rato con el jugo de carne. Se deja hervir a fuego suave hasta que el harina esté cocida, si está muy espesa se le agrega un poco más de caldo. Debe servirse muy caliente.

SALSA PARA CARNES I

INGREDIENTES

3 cucharadas de mantequilla derretida
1 cucharada de salsa Perrins
1 cucharada de vino seco
cucharada de jugo de jitomate
1/2 cucharada de jugo de cebolla
1/2 cucharadita de perejil molido

Procedimiento: Se revuelve todo esto muy bien y con esta salsa se unta la carne al momento de asarse.

SALSA DE ANCHOAS

INGREDIENTES

1/2	*cucharadita de sal*
1/2	*cucharadita de azúcar granulada*
1/4	*cucharadita de paprika*
1/2	*cucharadita de mostaza seca*
1/2	*taza de aceite de olivo*
1/4	*de taza de vinagre de vino*
1	*cucharada de perejil finamente picado*
1	*cucharada de cebolla finamente picada*
2	*cucharadas de pasta de anchoas*
	Un poquito de pimienta blanca

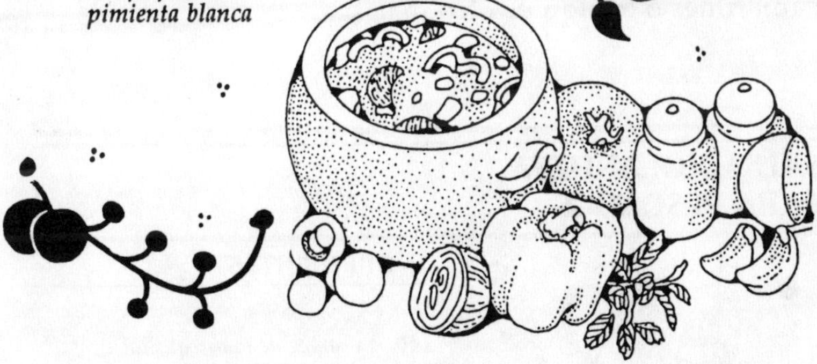

Procedimiento: Los cinco primeros ingredientes se mezclan en un frasco y se les añade el vinagre y el aceite, se agita muy bien para que se revuelva todo y se deja macerar dos horas, ya casi para servirse se le agrega el perejil, la cebolla y la pasta de anchoas, se vuelve a agitar y se deja reposar otros cinco minutos. Se sirve con lechuga o sobre pescado.

SALSA FRIA PARA CAMARONES

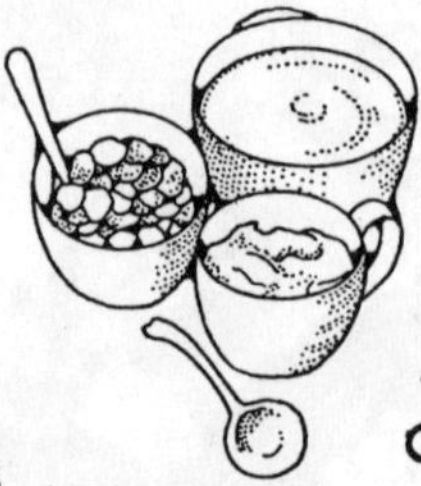

INGREDIENTES

2 *cucharadas de mayonesa*
1 *cucharada de nata de leche*
1 *cucharada de salsa catsup*
1/2 *cucharadita de salsa inglesa*
1 *cucharada de vino blanco*
sal, pimienta y paprika al gusto
sal de ajo y sal de cebolla, la necesaria.

Procedimiento: Se revuelve todo y se bate con la licuadora para que esponje. Se puede servir aparte o sobre los camarones o cualquier otro marisco.

SALSA HOLANDESA PARA PESCADOS

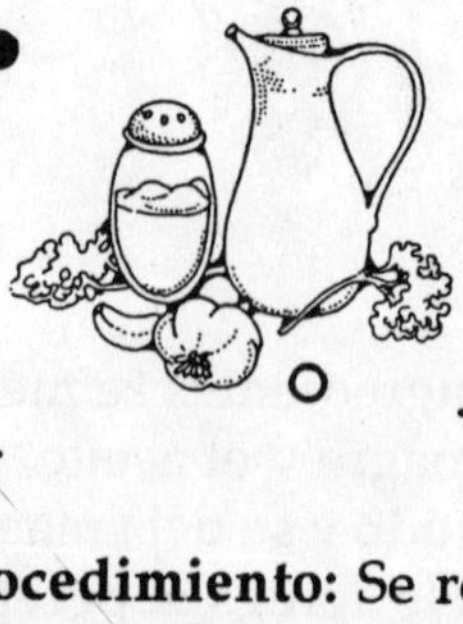

INGREDIENTES

140 *gramos de mantequilla*
6 *yemas de huevo fresco*
2 *cucharadas de agua fría*
2 *cucharadas de aceite*
el jugo de dos limones
sal y pimienta, al gusto

Procedimiento: Se revuelve todo y se pone a la lumbre hasta que hierva, sin dejar de menear. Cuando empieza a espesar se saca y se sirve caliente o se vierte sobre cualquier marisco o pescado.

ENSALADAS

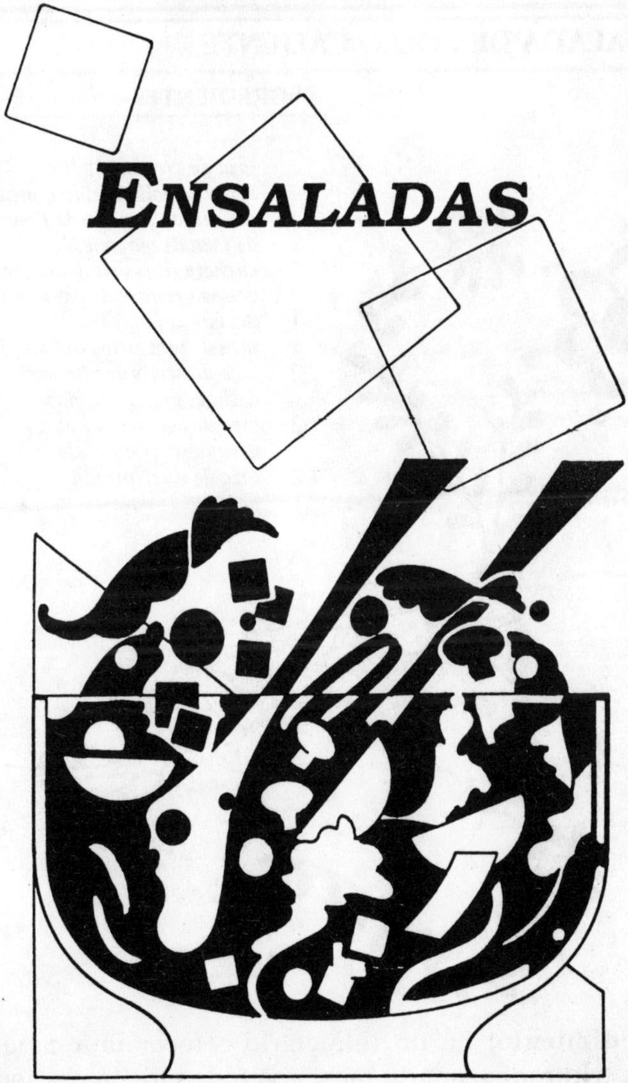

ENSALADA DE POLLO CALIENTE

INGREDIENTES

1	*taza de crema de pollo*
2	*tazas de pollo cocido y picado*
1	*cucharada de jugo de limón*
3/4	*de taza de mayonesa*
2	*cucharaditas de cebolla picada*
2	*bolsas grandes de papas fritas*
1	*taza de apio picado*
1	*taza de pimientos dulces picados*
1/2	*taza de aceitunas verdes deshuesadas y picadas*
1/2	*taza de aceitunas negras deshuesadas y picadas*
1/2	*taza de nuez picada*
1	*paquete de pasas*

Procedimiento: En un refractario colocar una capa de pasas trituradas, aparte mézclese todos los ingredientes y viértase sobre las papas. En la parte de encima se colocan las papas restantes, se hornea unos 15 minutos. También se puede comer en frío (sin hornear).

ENSALADA DE ATUN

INGREDIENTES

1 *lata de atún picado*
2 *jitomates picados*
5 *ramitas de perejil*
1 *cebolla picada fina*
3 *tallos de apio picado*
1 *taza regular de mayonesa*
1 *pizca de salsa tabasco*
Sal y pimienta al gusto

Procedimiento: Se incorporan los ingredientes y se adornan con rajas de pimiento morrón. Se sirve fría.

ENSALADA DE MARISCOS

INGREDIENTES

500 gramos de sierra para ceviche
500 gramos de salmón
500 gramos de caracol
500 gramos de camarón cocido y pelado
1 frasco de ostiones
2 latas de angulas
Cebolla y perejil finamente picado
1 lata de atún
1 frasco de aceitunas verdes deshuesadas
1 lata de pimientos morrones en tiras
limones

INGREDIENTES: Aderezo

5 cucharadas de salsa inglesa
1 taza de aceite de olivo
Consomé en polvo al gusto
Sal y pimienta
Aguacate para adorno

Procedimiento: La sierra, picada en cuadros chicos, se pone a macerar en limón durante dos horas y media.

El caracol golpeado previamente se macera en limón dos horas y media. El salmón se deja en limón durante cuatro horas.

Transcurrido el tiempo de maceración, se mezclan todos los ingredientes en una ensaladera.

Se incorporan: Salsa inglesa, aceite de olivo, consomé, sal y pimienta. Se rocían sobre los mariscos y se revuelve bien. Para servir se adornan con tiras de aguacate.

ENSALADA DE SALMON

INGREDIENTES

1 *lata de salmón*
4 *huevos cocidos*
2 *cucharadas de pepinos curtidos picados*
1 *taza de mayonesa, de preferencia preparada en casa*
10 *aceitunas rellenas de pimiento*
1 *lechuga romanita*

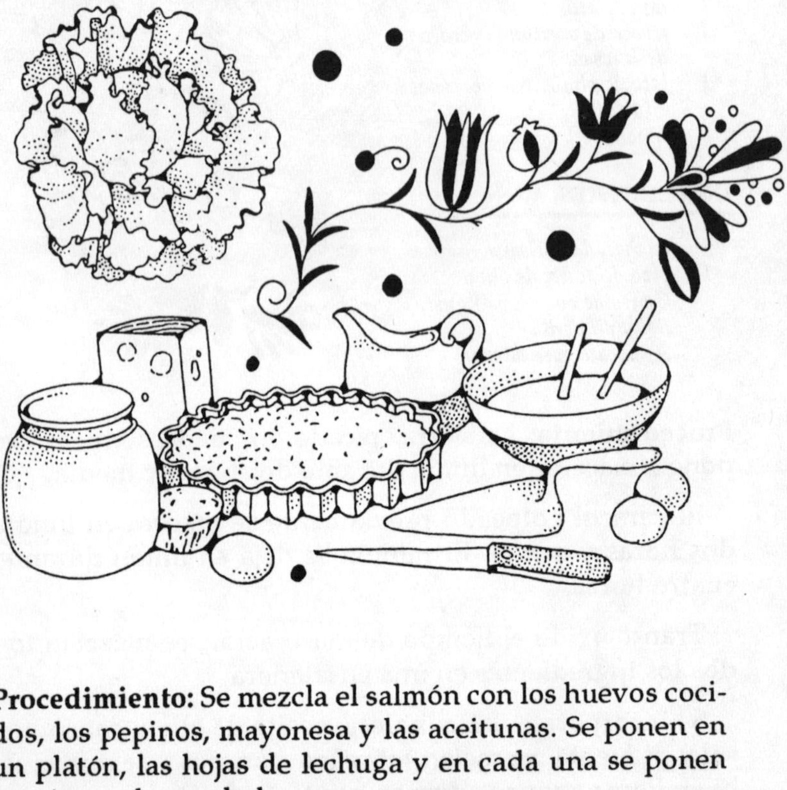

Procedimiento: Se mezcla el salmón con los huevos cocidos, los pepinos, mayonesa y las aceitunas. Se ponen en un platón, las hojas de lechuga y en cada una se ponen porciones de ensalada.

PLATILLOS DIVERSOS Y VERDURAS

MOUSSE DE AGUACATE

INGREDIENTES

4	*tazas de aguacate molido*
1	*taza de mayonesa*
1	*taza de crema natural*
3	*cucharaditas de cebolla rallada*
1/2	*cucharadita de sal*
1 1/2	*cucharadita de azúcar*
5	*cucharaditas de jugo de limón*
2	*sobres de grenetina Knoox*

Procedimiento: Disolver la grenetina en 1/2 taza de agua fría; agregar una taza de agua caliente. Dejar en baño maría hasta que clarifique la grenetina. Agregar aguacate, mayonesa, crema, cebolla, sal, azúcar y limón.

Licuar todo junto. Se vierte en un molde de rosca ligeramente engrasado. Voltear en un platón calentando un poco el molde.

Rellenar el hueco de la rosca con camarones o atún desmenuzado.

QUICHE LORRAINE

INGREDIENTES

200	*gramos de harina*
200	*gramos de mantequilla*
1/2	*taza de leche*
5	*huevos*
100	*gramos de tocino*
100	*gramos de jamón*
50	*gramos de queso Gruyére*
150	*gramos de queso Manchego*
250	*gramos de champiñones*

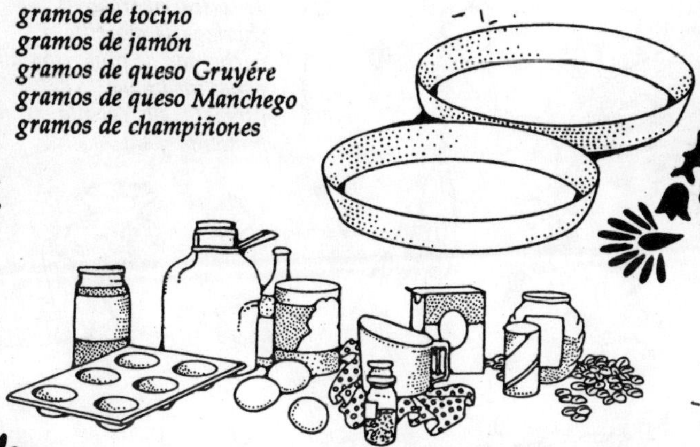

Procedimiento: Hacer una masa con el harina, la mantequilla y el agua. Extender la masa, doblarla y volverla a extender sobre un molde para pay. Batir los huevos y añadirle la leche; picar finamente el jamón, el tocino y el queso. Saltear los champiñones en mantequilla; taparlos y dejarlos cocer; picarlos finamente. Mezclar todos los ingredientes picados y sazonar. Hornear la masa, ya cocida ponerle el relleno y hornear otra vez, servir muy caliente.

FABADA

INGREDIENTES

500	*gramos de alubias medianas*
1/4	*de costilla de puerco*
1/4	*de chorizo tipo Parma*
1/4	*de tocino en trozo*
2	*chorizos de morcilla*
1	*cucharada de pimentón molido*
4	*papas medianas*
1	*jitomate, ajo, cebolla, laurel, pimienta y sal*

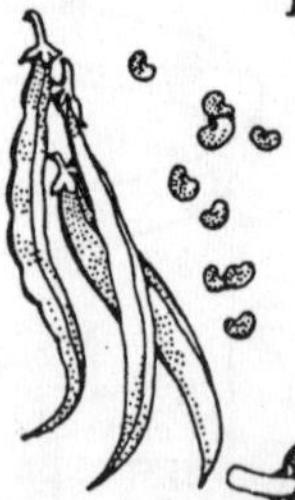

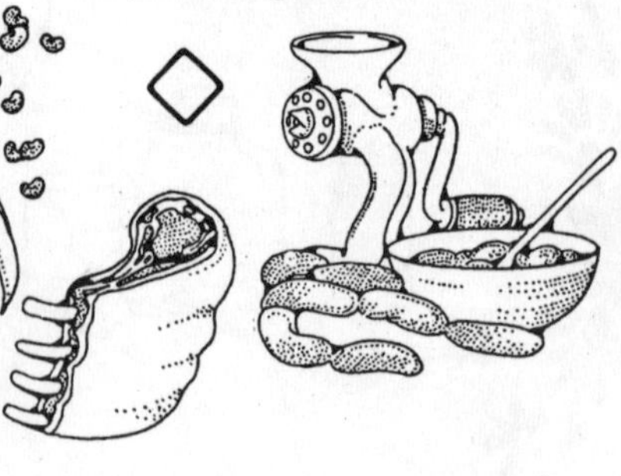

Procedimiento: En una olla se ponen a cocer todas las carnes bien lavadas con un jitomate pelado y picado, una cebolla picada, tres ajos picados, dos hojas de laurel y una pimienta.

Las alubias se remojan 24 horas antes. Se ponen a hervir media hora y se les tira esa agua; se les pone otra vez agua a que suelten el hervor y se le añaden a la olla de las carnes a que hiervan juntas, hasta que se cuezan las alubias. Aparte, en una sartén se pone 1/3 de taza de aceite de olivo y se fríe una cucharada de pimentón molido; se revuelve bien y se agrega la fabada. Media hora antes de servir se le pone las papas peladas y cortadas en cuatro.

MOUSSE DE CAMARON

INGREDIENTES

250 *gramos de camarón fresco cocido y picado finito*
1 *queso Philadelphia grande*
1 *latita de sopa de tomate Campbells.*
1/2 *a de apio finamente picado*
2 *cucharadas de cebolla finamente picada*
2 *sobres de gelatina Knoox*
sal y pimienta al gusto

Procedimiento: El queso Philadelphia se disuelve con la lata de sopa en la lumbre, se quita y se le ponen todos los ingredientes y la gelatina preparada así: Se disuelve en media taza de agua hirviente y se le agrega media taza de agua fría, se le agrega la sal y la pimienta al gusto y se revuelve todo. Se vacía todo en un molde chico engrasado con aceite y se mete al refrigerador.

FONDOS DE ALCACHOFA CON ENSALADA DE CAMARONES

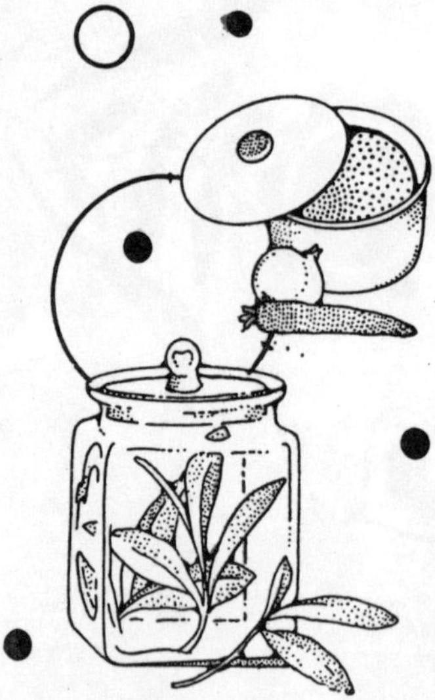

INGREDIENTES

12	*fondos de alcachofa naturales o de lata*
1/4	*de litro de agua*
1/3	*de taza de vinagre*
1/3	*de taza de vino blanco*
1	*hoja de laurel*
1	*cebolla rebanada*
1	*ramita de perejil*
1	*pizca de azúcar*
500	*gramos de camarones cocidos chicos*
2	*manzanas*
1	*lata de champiñones (mediana)*
2	*pimientos morrones*
4	*huevos cocidos*
	sal, pimienta, sal de ajo y jugo de limón al gusto
	Ajino–Moto al gusto

Procedimiento: Se ponen en una cacerola al fuego el agua, vinagre, vino, sal, pimienta, Ajino-Moto, laurel, cebolla, perejil y azúcar. Se deja hervir cinco minutos. Se ponen ahí los fondos de alcachofa y se dejan hervir 10 minutos. Se retiran del fuego, se dejan enfriar y se escurren. Se revuelven los camarones, ya preparados de antemano con sal de ajo, pimienta y jugo de limón, con las manzanas en cubitos, los champiñones rebanados y los pimientos picados.

Todo esto se sazona al gusto y se vacía en un platón. Encima de la ensalada se colocan los fondos de alcachofa, a los que se les habrá puesto mayonesa, y espolvoreado con perejil. Alrededor del platón se ponen los huevos rebanados y aceitunas verdes y negras.

PLATILLOS MEXICANOS

MOLE POBLANO

INGREDIENTES

1	*kilo de chile mulato*
3	*chiles chileancho*
3	*chiles pasilla*
250	*gramos de ciruela pasa*
100	*gramos de ajonjolí*
1	*rajita de canela*
1	*pedazo de cebolla*
1	*trozo de pan*
1	*tortilla*
200	*gramos de cacahuate*
1	*plátano*
1	*pizca de anís*
250	*gramos de nuez*
250	*gramos de almendra*
5	*chocolates amargos*
	azúcar al gusto

Procedimiento: Se fríen todas las especias y se muelen, ya molidas se vuelven a freír con manteca hasta que sazone bien.

Los tres tipos de chile, se desvenan, se doran y después se ponen a remojar con agua caliente: se muelen, se cuelan y se sazona perfectamente. Se le incorporan las especias molidas anteriormente y se sigue moviendo hasta que esté bien frito y sazonado. Se le adiciona el chocolate hasta que desbarate y después se le agrega el caldo y el azúcar al gusto.

REGIO MOLE DE OLLA

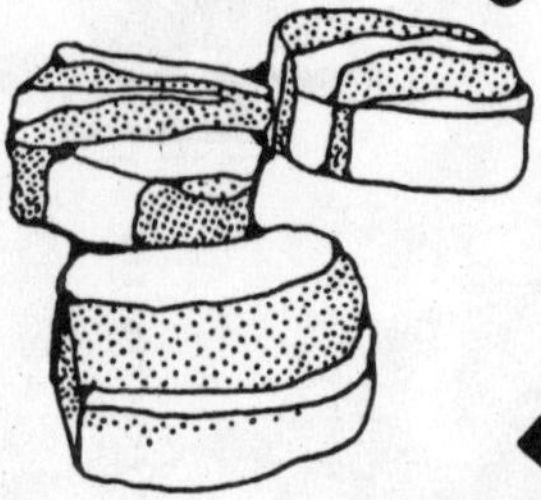

INGREDIENTES

1	*kilo de maciza de res (retazos)*
750	*gramos de calabazas medianas*
750	*gramos de agujas (retazos)*
300	*gramos de ejotes*
5	*elotes en trozos*
500	*gramos de verdolagas*
250	*gramos de chile pasilla*
6	*ramas grandes de epazote*
6	*dientes de ajo medianos*
6	*xoconoztles*
1	*kilo de flor de calabaza*
3	*chiles anchos*
1	*cabeza mediana de cebolla*

Procedimiento: Su cuece la carne con ajo y cebolla, a la hora de hervir se le va quitando la espuma, para que el caldo salga limpio. Ya cocida se saca la carne y se cuela el caldo, se agregan los ejotes previamente limpios y cuando están a medio cocer se le agregan las calabacitas partidas por la mitad, los trozos de elote y los xoconoztles pelados y partidos en cuatro. Para la salsa, se cuece el chile, se muele con ajo y cebolla en la licuadora y se medio fríe en aceite o manteca (ya colado), para después agregarlo a las verduras y la carne, dejándose sazonar y se le agrega hasta el final la flor de calabaza y las verduras restantes (10 minutos).

CHILES EN NOGADA

INGREDIENTES

1 *kilo de carne de res*
1 *kilo carne de puerco*
1 *kilo de jitomate*
1 *cebolla mediana*
100 *gramos de pasitas*
100 *gramos de almendras picadas*
100 *gramos de piñones*
1 *trozo de acitrón*
24 *chiles poblanos*
2 *dientes de ajo grandes*

INGREDIENTES ADORNO:

100 *gramos de queso frasco*
3 *docenas de nuez de Castilla*
1/2 *litro de crema*
2 *granadas rojas*

Procedimiento: Asar limpiar y desvenar los chiles. Poner a cocer la carne de puerco, de res y picarlas finamente. Freír los ajos finamente picados, la cebolla, el jitomate pelado y picado, sazonar e ir agregando la carne que ya estará picada; pasitas, almendras, piñones y el acitrón en cuadros pequeños. dejar enfriar y rellenar los chiles.

Adorno: Limpiar las nueces y ponerlas en leche para que queden blancas. Moler en la licuadora la crema, queso, nueces y bañar con esto los chiles. Adornar con granada roja.

TAMALES YUCATECOS

INGREDIENTES

3 *kilos de masa de maíz*
1 *kilo de manteca de puerco*
3 *pollos en piezas*
1 *kilo de carne de puerco*
2 *kilos de jitomate picado*
2 *tazas de epazote picado*
5 *dientes de ajo picados*
achiote
hojas de plátano limpias y cortadas

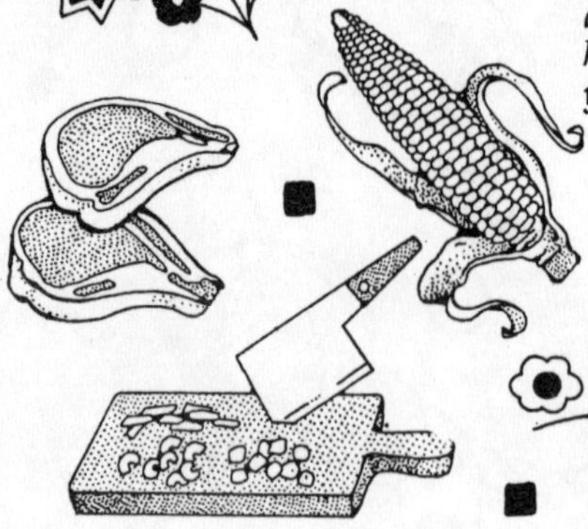

Procedimiento: Poner a cocer las carnes con consomé y achiote, jitomate, epazote y ajo picado en dos litros de agua. Ya cocidas las carnes se le agrega un poco de masa licuada, con un poco de agua. Se ponen al fuego sin dejar de mover hasta que espese (a la masa se le pone la manteca caliente, sal, achiote y se revuelve muy bien).

Se pone una hoja de plátano del tamaño de una hoja tamaño carta y encima se hace una tortilla de masa poniéndole pollo, carne deshebrada, dos rebanadas de jitomate, epazote, chile picado, y un poco del atole. Se dobla la tortilla de los cuatro lados cerrando el tamal. Se acomodan en la vaporera y se ponen a cocer.

PIBIPOLLO

INGREDIENTES

2 *pollos grandes*
1 *kilo de pierna de cerdo con grasa*
1 *cabeza de ajo asada*
4 *cucharadas de consomé*
2 *litros de agua*
10 *pimientas gruesas*
sal, al gusto

INGREDIENTES PARA SAZONAR:

3 *dientes de ajo*
30 *pimientas*
1/2 *cajita de achiote preparado*
2 *cucharadas de aceite*
1 *kilo de jitomates asados, pelados y picados*
30 *hojitas de epazote fresco*

INGREDIENTES PARA LA MASA:

4 *kilos de masa*
375 *gramos de unto*
3 *chiles habaneros verdes, asados y pelados*
1/2 *paquete de achiote preparado*
2 *ojas de plátano grandes*
caldo de pollo el necesario

Procedimiento: Se ponen a cocer los pollos enteros y la carne de cerdo en trocitos con la cabeza de ajo, sal, consomé, pimientas y agua. Una vez cocidos los pollos y la carne, se parten los pollos y se deshuesan, se adoban con los tres dientes de ajo, las pimientas, el achiote, sal, consomé y un poco de caldo, todo licuado, se deja reposar una hora.

El aceite se pone en una cazuela al fuego; cuando está bien caliente se fríe el jitomate y se sazona, se deja refreír muy bien y se agregan el epazote, el pollo y la carne. Se deja hervir hasta que se sazona. El unto se pone en un traste al fuego con un vaso de agua y una pizca de carbonato, se deja hasta que los chicharroncitos están dorados, se retira del fuego y los chicharroncitos se muelen con los chiles habaneros, el achiote y el caldo. Con esto se bate la masa.

Procedimiento de armarlo: Se forra una cazuela, no muy honda, con hojas de plátano asadas, encima se extiende con la punta de los dedos una capa de masa, se cubre con el pollo y la carne con abundante salsa, se le ponen unas hojitas de epazote, se cubre con el resto de la masa extendida en la misma forma, y por encima se le pone el resto de la salsa. Se cubre totalmente con hoja de plátano y se mete al horno caliente hasta que ésta dore bien.

NOTA: Hornear primero media hora en el asador de la estufa y después al horno el tiempo necesario.

ROMERITOS

INGREDIENTES

1	*kilo de romeritos*
1	*kilo de papita*
4	*nopales*
500	*gramos de mole poblano*
	camarón seco

Procedimiento: Se limpian y se cuecen los romeritos con sal y carbonato. Se cuecen los nopales y las papitas y se parten.

Se muele el camarón seco con un poco de harina de arroz, pan molido, un poco de queso fresco y un huevo; se forma una masita para hacer las gorditas y éstas se fríen.

Por último se vierte el mole poblano en las gorditas, previamente colocadas en algún refractario.

PESCADOS Y MARISCOS

PESCADO RELLENO DE MARISCOS

INGREDIENTES

10	*filetes de robalo o huachinango*
250	*gramos de mantequilla*
2	*cebollas medianas*
1	*manojito de perejil*
4	*cucharadas de maizena*
200	*gramos de queso Parmesano*
300	*gramos de queso Gruyére*
200	*gramos de queso Kraft*
2	*frascos de ostiones*
400	*gramos de camarón chico*
	leche, la necesaria

Procedimiento: Los filetes se ponen a macerar en bastante limón, sal y pimienta. Al mismo tiempo en una cacerola se pone al fuego la mantequilla, se agregan la cebolla y el perejil picados, se sancocha sin dorar, se agregan poco a poco las cuatro cucharadas de maizena y la leche sin dejar de mover para evitar grumos. Por último los quesos a que se disuelvan bien, y se retiran del fuego. Los filetes se rellenan con los camarones y ostiones. Se acomodan en un refractario y se hornean por cinco minutos. Se sacan del horno y se bañan con la salsa. Se meten al horno nuevamente por 20 minutos.

FILETE DE ROBALO EN SALSA DE QUESO

INGREDIENTES

500 gramos de filete de robalo
1 cucharada de mantequilla o margarina
1 cebolla
1 copa de vino blanco
zumo de medio limón
sal

INGREDIENTES (SALSA):

una poca de salsa blanca
1 queso crema
3 tomates
polvo de curry

Procedimiento: Se rocía el filete con limón y sal. Se unta una fuente refractaria con grasa, se esparcen en ella daditos de cebolla, se dispone el pescado sobre la fuente y se cuece con el vino blanco durante 15 minutos aproximadamente con la fuente tapada.

Manera de hacer la salsa: A la salsa blanca se le agrega el queso y el caldo del pescado, se vierte sobre el pescado, se recubre con rodajas de tomate, se espolvorea con curry y se gratina brevemente al horno.

LANGOSTINOS AL MOJO DE AJO

INGREDIENTES

2	*kilos de langostinos*
1	*cabeza de ajos machacados*
1/2	*taza de aceite de olivo y de guisar*
	sal

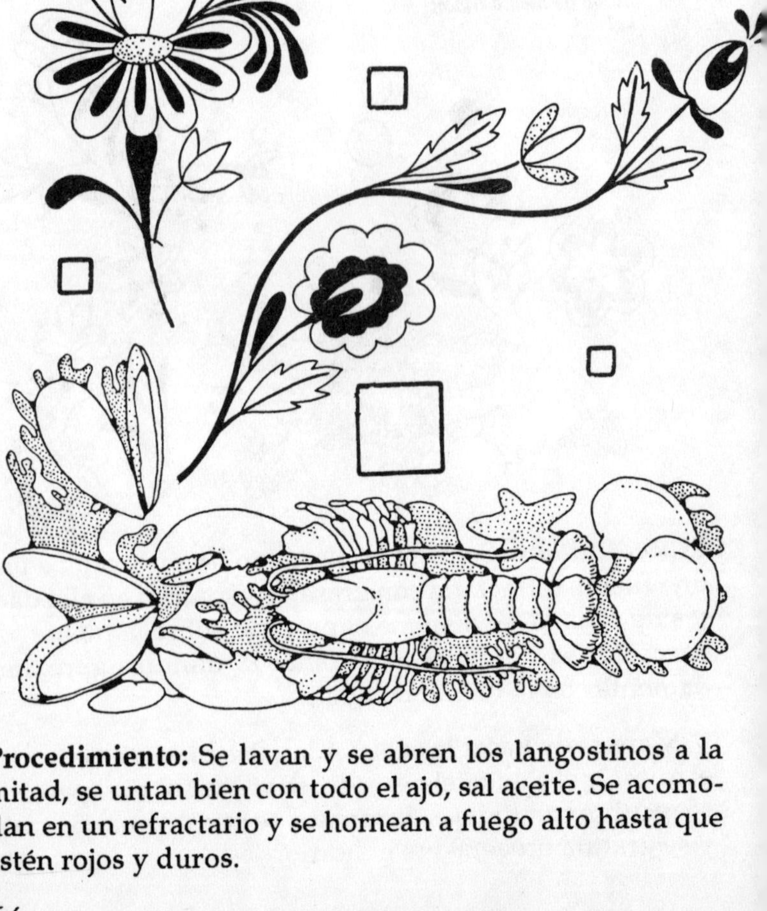

Procedimiento: Se lavan y se abren los langostinos a la mitad, se untan bien con todo el ajo, sal aceite. Se acomodan en un refractario y se hornean a fuego alto hasta que estén rojos y duros.

PAY DE JAIBA

INGREDIENTES (PASTA):

180 *gramos de mantequilla*
400 *gramos de harina*
3 *yemas*
1/2 *cucharada de sal*
2 *cucharadas de Royal*
1/2 *taza de leche*

INGREDIENTES (RELLENO):

500 *gramos de pulpa de jaiba*
1 *cebolla*
3 *dientes de ajo*
1 *manojo de perejil*

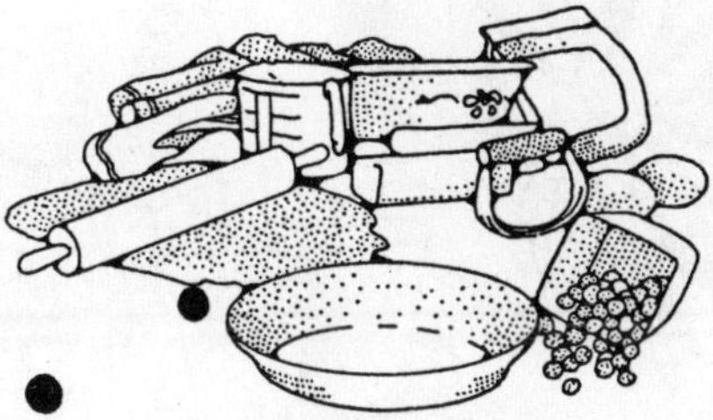

Procedimiento de la pasta: En una palangana se cierne el harina, el royal, la sal, se agregan las yemas, la leche y la mantequilla en trocitos. Se bate perfectamente con la mano hasta que se haga una sola bola. Ponga una capa de esta masa en un molde refractario redondo, rellénela con el preparado (relleno) y tápelo con otra capa de masa. Barnice con yemas y hornée a fuego regular hasta que se vea cocido.

Procedimiento del relleno. En una sartén se pone a freír en un poco de aceite de olivo la cebolla finamente picada y el ajo. Cuando se cristalicen se les agrega el perejil, la jaiba, sal y pimienta. Déjelo un rato en la lumbre hasta que se sazone.

PULPOS BOCATTO DE CARDINALI

INGREDIENTES

5	*kilos de pulpo*
3	*kilos de jitomate maduro*
250	*gramos de cebolla picada finamente*
250	*gramos de chiles cuaresmeños cortados en rajas, sin semillas y venas*
200	*gramos de perejil bien picado*
1	*cabeza de ajo (en dientes)*
4	*clavos de olor molidos con un poco de vinagre*
1	*taza de aceite de olivo*
1/2	*botella de vino tinto*

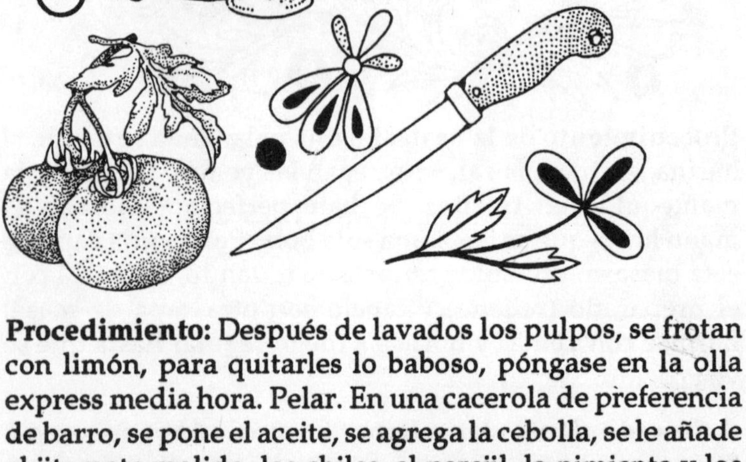

Procedimiento: Después de lavados los pulpos, se frotan con limón, para quitarles lo baboso, póngase en la olla express media hora. Pelar. En una cacerola de preferencia de barro, se pone el aceite, se agrega la cebolla, se le añade el jitomate molido, los chiles, el perejil, la pimienta y los ajos; se dejan sazonar bien. Agréguese los pulpos ya en pedazos chicos y se deja hervir hasta que el aceite se separe, añádale la tinta, los clavos, el vino y sal.

CAMARONES AL EPAZOTE

INGREDIENTES

1	*kilo de camarón crudo sin cabeza*
100	*gramos de chile guajillo*
4	*dientes de ajo*
1/2	*cebolla chica*

Procedimiento: El chile guajillo se lava y se pone asar en un comal, después se hierve a que ablande y se muele con ajo y cebolla, se fríe con aceite de olivo, se le agregan los camarones y una rama de epazote. Se sirven calientes acompañados de arroz blanco.

NOTA: con esta misma salsa se pueden bañar pechugas de pollo.

CAMARONES AL MOJO DE AJO

INGREDIENTES

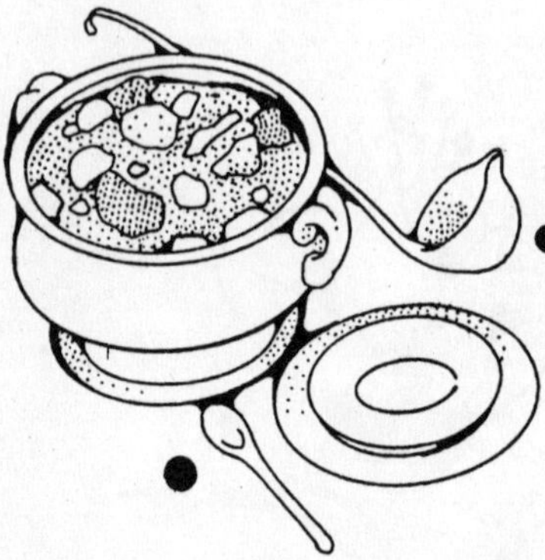

2	*kilos de camarones cristal grandes*
1	*cabeza de ajo*
	Limones, sal y pimienta al gusto
1/4	*de taza de salsa inglesa*
1/4	*de taza de jugo Maggi*
1/2	*taza de aceite de olivo*

Procedimiento: A los camarones se les quitan las patas, se pelan (dejándoles la cola). Y se parten a la mitad por el lomo, quitándoles la vena. Se ponen a macerar con la sal, pimienta, ajos picados, salsa inglesa, jugo maggi y el jugo de los limones, durante dos horas.

Se pone una plancha a calentar y cuando esté bien caliente se le agrega el aceite de olivo. Después se ponen los camarones. Cuando ya están a medio cocer se les agrega el jugo en que se maceraron y se tapan hasta que éste se consuma por completo. Se sirven calientes.

AVES

TERIYAKI
(Pollo estilo japonés)

INGREDIENTES

2 *pollos bien lavados y descuartizados*
1 *botella de salsa de soya*
1/2 *cabeza de ajo*
1 *taza de agua*
2 *cucharadas de azúcar*
sal, pimienta y aceite

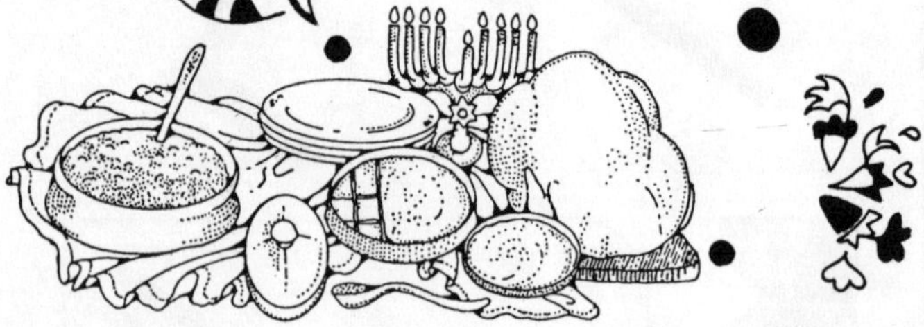

Procedimiento: Se unta el pollo con el ajo, la salsa de soya, la sal y la pimienta, durante tres horas se deja en el refrigerador.

En una sartén donde quepan los dos pollos se ponen a freír en muy poco aceite durante 15 minutos a fuego lento. Se van volteando las piezas y se espolvorean con el azúcar. Y se dejan durante 10 minutos más. Una vez cocido se diluye la maizena en el agua con cinco cucharadas de salsa de soya y se le vierte al pollo y se deja cocinar durante dos minutos o hasta que la salsa se espese, se sirve inmediatamente. Para darle un toque más oriental se le puede agregar a la salsa una copita de sake o tequila.

POLLO A LA ARGENTINA

INGREDIENTES

- 10 *piernas con muslo (sin dividir)*
- 6 *cebollas en rajas*
- 6 *chiles morrones en rajas*
- 3 *ramitas de perejil (enteras)*
- 10 *hojas de yerbabuena (enteras)*
- 4 *ramas de apio en pedacitos*
- 1 *hoja de laurel*
- 2 *cucharadas de consomé en polvo*
- 2 *cucharadas de Maggi*
- 2 *cucharadas de salsa inglesa*
- 3 *cucharadas de vinagre*
- 1/2 *vaso de jugo de naranja*
- 1/2 *vaso de puré de tomate*
- 2 *limones exprimidos*
- 1 *cucharada de mantequilla*
- 2 *cucharadas de aceite de olivo*
- 1 *cucharada de orégano (en hojitas)*
- 2 *cucharadas de pimentón rojo*
- 2 *chiles verdes (enteros)*
- 1 *vaso de agua*
- 1 *jitomate partido en cuatro partes*
- 5 *ajos partidos en 2 partes*
- *sal y pimienta*

Procedimiento: Mezclar todo en un refractario de horno y de 3 a 3 1/2 horas, cubiertos con papel estaño, cocer a 250°C. El pollo debe quedar un poco dorado.

CARNE MOSAICO EN FRIO

INGREDIENTES

- 2 *pechugas crudas*
- 200 *gramos de jamón*
- 10 *aceitunas picadas*
- 7 *galletas saladas remojadas en leche*
- 1 *lata de pimientos picados*
- *sal y pimienta*

Procedimiento: Se muelen las carnes dos veces, se revuelve con los pimientos y las aceitunas, agregando la galleta desbaratada y se exprime un poco. En un trapo húmedo se hace un rollo apretándolo, se pasa a papel aluminio, enrollándolo suavemente. Se mete al horno (una hora por cada kilo de carne). Se rebana en frío y se sirve con ensalada.

PAVO CON ACHIOTE

INGREDIENTES (PAVO):

- 1 *pavo tierno de 8 kilos*
- 1 *paquete de 100 gramos de achiote*
- 1 *taza de vinagre*
- 1 *taza de agua*
- 1 *cucharadita de orégano*
- 1/4 *de taza de manteca*
- *sal, al gusto*

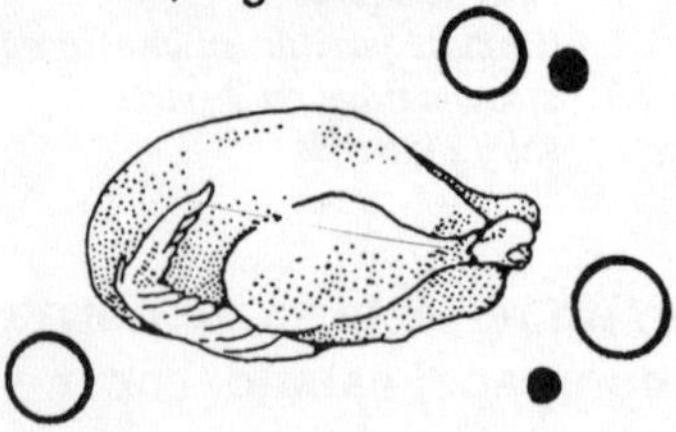

INGREDIENTES (RELLENO):

- 1/4 *de taza de manteca*
- 3 *jitomates grandes*
- 1 *cebolla*
- 3 *dientes de ajo*
- 500 *gramos de lomo de cerdo molido*
- 500 *gramos de aguayón molido*
- 1/2 *taza de aceitunas deshuesadas y picadas en pedacitos*
- 1/2 *taza de pasas*
- 1/2 *taza de almendras peladas y partidas*
- 1/4 *taza de piñones*
- 2 *chiles jalapeños picados, sin semilla*

Procedimiento del relleno: Se fríen las carnes en la manteca, y se agrega la cebolla, ajo y jitomate picados, se sazona con sal y un poco de canela y cuando esté a medio cocer, se le añaden los demás ingredientes, se deja en la lumbre hasta que se seca, se rectifica la sal y con esto se rellena el pavo.

Procedimiento para el pavo: Ya relleno se cose con hilo y aguja, se le acomodan bien las patas, se atan las alas, de manera que queden pegadas al cuerpo. Los primeros ingredientes se mezclan bien y con esto se unta el pavo. Se hornea a 200 grados.

A media hora se cubre el pavo con papel aluminio y se deja así hasta que dore. Para servirlo, se calienta la salsa que quedó en la charola y con ésta se baña el pavo. Se sirve en un platón.

CARNES

FILETE CON JAMON SERRANO

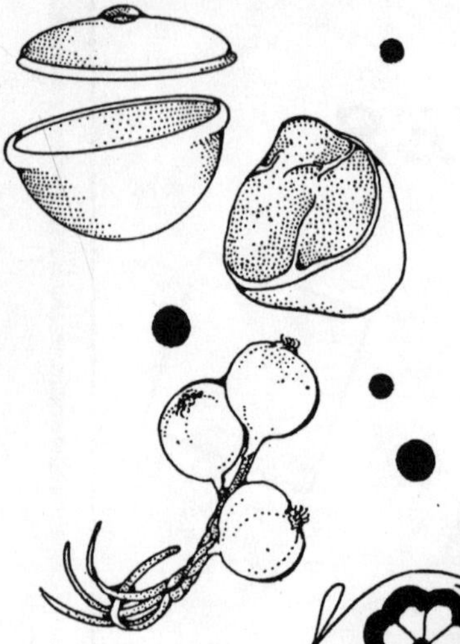

INGREDIENTES

2	*kilos de filete*
1	*cebolla en rajas*
100	*gramos de mantequilla*
250	*gramos de jamón serrano (rebanadas gruesas)*
1	*lata de champiñones en mitades*
1	*cucharada de harina*
1/2	*vaso de vino tinto*
1	*cucharadita de salsa Maggi*
1	*cucharadita de salsa Perrins*

Procedimiento: El filete se pone en una charola con tantito aceite, se le agrega sal, pimienta, salsa maggi y salsa perrins. Se tapa con papel estaño y se mete a horno fuerte una hora.

Aparte se fríe en mantequilla la cebolla, a que esté transparente, se le agrega el jamón picado y se sigue sancochando, se agregan los champiñones con todo y jugo, después se agrega el harina disuelta en agua moviendo constantemente hasta que espesa y por último se agrega el vino tinto y pimienta. El filete se saca y el jugo que soltó se agrega a la salsa anterior. Se rebana la carne y se acomoda en un refractario, se baña con la salsa y se sirve inmediatamente.

FILETE CHATEAUBRIAND

INGREDIENTES

1.500 gramos de filete
1/2 cucharadita de sal de ajo
4 cucharadas de consomé
1 1/2 cucharaditas de sal de cebolla
1 taza de vino tinto
1/2 taza de vinagre
1/2 taza de aceite caliente
1 lata de champiñones enteros
Sal y pimienta

INGREDIENTES SALSA:

100 gramos de mantequilla
2 cucharadas de maizena o harina
1 vaso chico de vino tinto
el jugo del filete
hierbas de olor

Procedimiento: Se prepara el filete en rebanadas con las sales, pimienta, consomé, vinagre y el vino, se deja reposar dos horas y al hornearlo se agrega el jugo de los champiñones y el aceite caliente. Se tapa y se coce a horno fuerte durante 30 minutos.

Manera de hacer la salsa: Se pone la mantequilla al fuego, se agrega el harina o la maizena a que dore, se retira del fuego moviendo constantemente, se agrega el jugo del filete, se vuelve a poner a la lumbre, se agrega el vino, las hierbas de olor y los champiñones enteros, se sigue moviendo. El filete se tiene listo y se baña con la salsa bien caliente.

FILETE ESTILO CANTONES

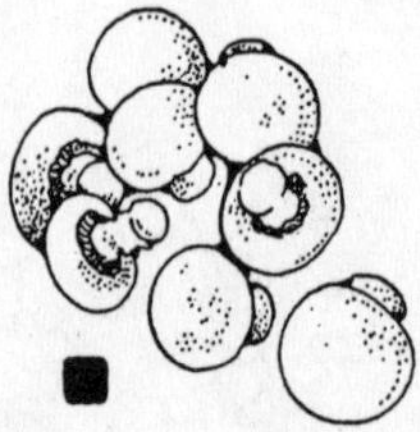

INGREDIENTES

1 1/2	*cebolla grande en rajitas*
3	*pimientos morrones verdes en rajas*
1/2	*apio cortado en largo*
1	*taza de jícama cortada a lo largo*
1/2	*kilo de champiñones frescos fileteados*
1	*kilo de filete en tampiqueñas y cortado a lo largo*
1	*botella de salsa de soya*
2	*cucharaditas de miel de piloncillo (opcional)*
2	*cucharadas de maizena disuelta en agua*
1 1/2	*taza de consomé de pollo*
	Sal y pimienta al gusto
	Sal de ajo al gusto

Procedimiento: Poner una olla con agua para cocer los pimientos, el apio y la jícama. Cocerlos por unos tres minutos y escurrirles el agua.

En una cacerola poner mitad de aceite y mitad de mantequilla, freír la cebolla hasta que se muera sin que se dore. Enseguida agregar la carne cortada en tiritas, dejar que se fría.

En una sartén con mantequilla se fríen los hongos y allí también se fríen las otras verduras. Sazonar con sal, pimienta, sal de ajo y un chorro de salsa de soya, dejar que suelte el hervor y agregar estas verduras a la carne. Enseguida se le agrega el caldo de pollo, la miel y la maizena disuelta en agua. Servir la carne con arroz blanco.

FILETE WELLINGTON

INGREDIENTES

INGREDIENTES (SALSA):

1 kilo pasta hojaldrada
3 o 4 kilos de filete
2 cucharaditas de jugo Maggi
2 cucharaditas de consomé concentrado
mostaza o paté, el necesario

100 gramos de mantequilla
1 cucharada de harina
2 cucharaditas de consomé concentrado
2 latas de champiñones rebanados
el jugo del filete

Procedimiento: Se pone el filete en una charola de horno un día antes o el mismo día temprano con sal, pimienta, consomé, jugo maggi y la mostaza o el paté perfectamente untado, un poco de aceite y se mete a horno fuerte tapado con papel estaño, de una hora a hora y media.

Ya cocido y frío se acomoda el filete en la pasta hojaldrada ya extendida perfectamente, se envuelve el filete con la pasta, se le pone clara de huevo a donde termina la envoltura para que pegue bien. Con la pasta que sobra se hacen tiritas y se envuelve la pasta pegando también con clara de huevo, se barniza todo con huevo entero batido con un tenedor y se mete a horno bajito por espacio de dos horas.

Manera de hacer la salsa: Se fríe en la mantequilla el harina, después se agrega el jugo que soltó el filete, ya que hirvió se le agrega el consomé disuelto en una taza de agua, se le agrega una lata de champiñones licuados con todo y jugo y la otra lata de champiñones rebanados, se deja hervir a que quede espesita. El filete se acomoda en un platón, se rebana y cada rebanada se baña con la salsa.

MEDALLONES AL LIMON

INGREDIENTES

100 *gramos de harina*
1/4 *de litro de salsa Gravy*
1 *taza de leche*
150 *gramos de mantequilla*
2 *tazas de vino blanco*
8 *medallones de filete de*
70 gramos c/u aproximadamente
El jugo de 5 limones
sal y pimienta al gusto

Procedimiento: Fría el harina con mantequilla y después incorpore la salsa gravy, el jugo de limón, el vino blanco y la leche, sazone con sal y pimienta. Los medallones se hacen a la plancha y se bañan con la salsa bien caliente justo antes de servirlos. Se adornan con gajos de limón y perejil picado.

ROAST-BEEF

INGREDIENTES

2 1/2	*roast beef*
1/2	*cabeza de ajo*
1/2	*cebolla*
2	*cucharadas de jugo Maggi*
2 1/2	*cucharadas de consomé concentrado*
2	*cucharadas de bovril*

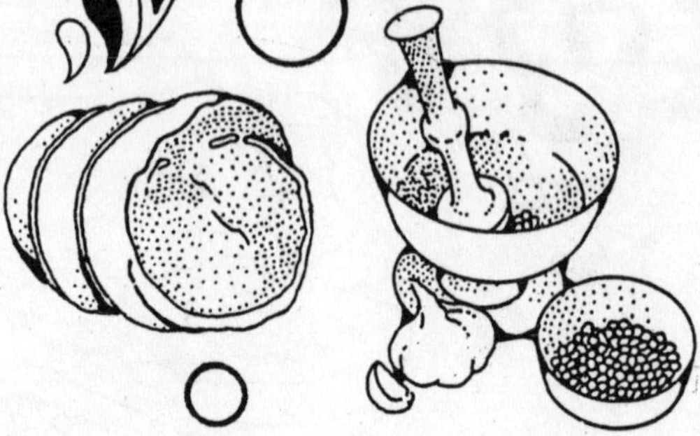

Procedimiento: Machuque en el molcajete el ajo y la cebolla agregándoles las salsas y el consomé. Con ésto se unta bien la carne y se enrrolla con papel estaño a que quede bien cubierta. Póngala en una pavera tapada y métala al horno a fuego un poco fuerte de tres a cuatro horas. Para sevir rebane la carne, acomódela en un platón y báñela con toda la salsa.

PASTELES

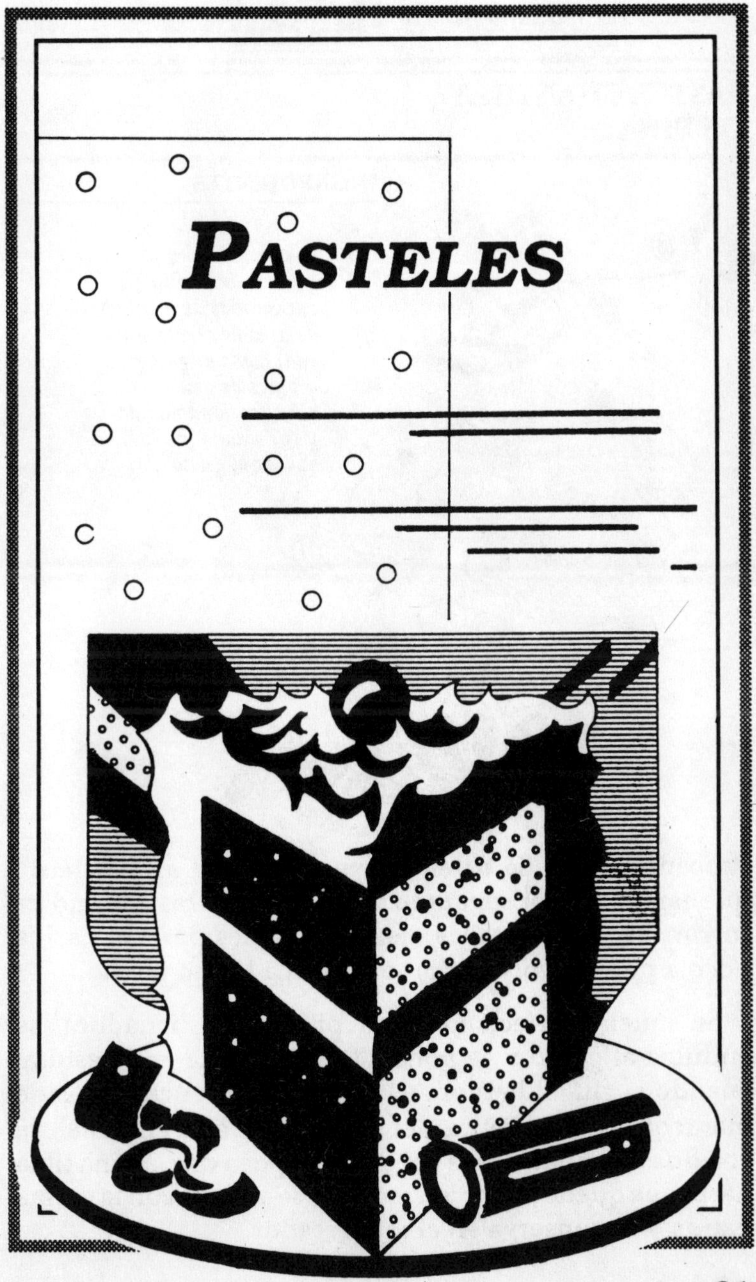

PASTEL CHANTILLY DE PIÑA

INGREDIENTES

16	*huevos*
300	*gramos de harina*
2	*cucharadas de mantequilla*
3/4	*de litro de crema batida endulzada al gusto*
300	*gramos de azúcar*
1	*piña mediana molida y endulzada (cocida)*
	azúcar al gusto

Procedimiento: Se baten las yemas con el azúcar hasta que esponjen, por separado se baten las claras a punto de turrón, se juntan ambas mezclas y se les pone el harina poco a poco envolviendo, se cuecen a horno medio.

Se muele perfectamente la piña en la licuadora, se endulza al gusto y se pone a lumbre bajita en la estufa, cuando suelta el hervor se le añaden dos cucharadas de mantequilla y se retira del fuego. Se pone el pastel ya cocido en un platón y se baña poco a poco con la piña tibia hasta que quede muy bien mojado, se adorna con la crema batida y se conserva en el refrigerador.

ar

PASTEL DE FRUTAS

INGREDIENTES

700	*gramos de harina*
500	*gramos de azúcar*
1	*vaso de jugo de naranja*
2	*tazas de fruta seca surtida: higos, visnaga, naranja, pasitas, nuez picada*
500	*gramos de mantequilla*
12	*huevos*
4	*cucharaditas de Royal*
	raspadura de una naranja

INGREDIENTES (MIEL):

2	*tazas de azúcar*
1/2	*taza de agua*
100	*gramos de pasitas*
1	*vaso de jugo de naranja*
1	*copita de ron*
1	*raja de canela*
10	*ciruelas enteras secas*

Procedimiento: Se acrema muy bien la mantequilla y se le va agregando el azúcar poco a poco, se le añaden los huevos uno a uno batiendo entre cada uno; el jugo de naranja y la raspadura (si se ve la masa espesa se le pone más jugo). Se cierne el harina con el royal y se le ponen las pasitas y todas las frutas picadas, esto se agrega a la masa envolviendo, se voltea en el molde de rosca grande, engrasado y enharinado. Se hornea a fuego medio hasta que esté cocido. Se voltea en un platón y se baña con la miel.

Manera de hacer la miel: Todo se pone a hervir durante media hora (menos las pasitas y las ciruelas) se le agrega el jugo de naranja y se apaga. Se le agrega el licor y se envina el pastel. Se decora con las pasitas y las ciruelas.

MOKA DE CHOCOLATE

INGREDIENTES

500 gramos de mantequilla
8 yemas
1 tablillón turín semi–amargo rallado
14 hojas de soletas panadería o una caja
2 latas de leche condensada Nestlé
2 cucharadas soperas de vainilla
100 gramos de nuez picada
50 gramos de cerezas

INGREDIENTES MIEL:

2 vasos de agua
Coñac, brandy o ron al gusto
1 taza de azúcar

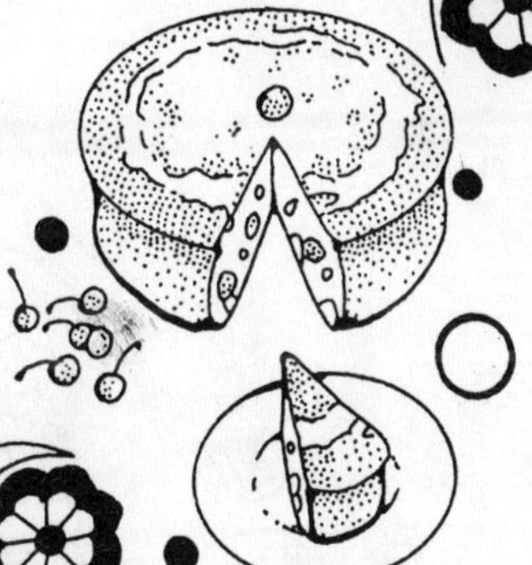

Procedimiento para la miel: Poner en una olla el agua y el azúcar, se deja hervir a consumirse un poco y se forme la miel. Se retira de la lumbre y se le agrega el licor.

Manera de hacer la carlota de moka: Poner una capa de la crema, encima una capa de soletas que previamente se habrán pasado por la miel; luego otra capa de crema, otra de soletas y así sucesivamente. Al final se adorna con las cerezas y el restante de nuez. Se mete al refrigerador.

CHESSE CAKE

INGREDIENTES

6	*quesos-crema grandes Philadelphia*
3	*quesos chicos Philadelphia*
2	*medias latas de leche Nestlé*
2	*cucharaditas de vainilla*
3	*huevos*
1 1/2	*paquetes de galletas Marías*
1	*barra chica de mantequilla fresca*
1/2	*taza de agua*

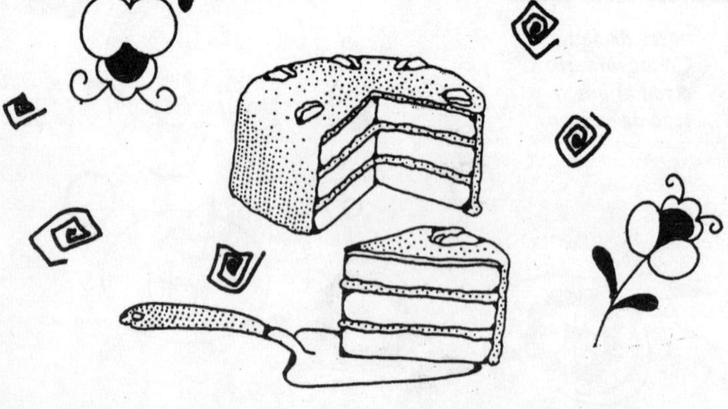

Procedimiento: Moler las galletas, revolverlas con la mantequilla derretida y el agua a que se haga una pasta. Extenderla en el fondo de un refractario rectangular, subirla hasta las orillas del molde.

Moler todos los ingredientes restantes juntos en la licuadora, vertir éstos encima de la pasta, hornear a fuego mediano aproximadamente 40 minutos.

Cuando ya está frío, adornar con fresas, cerezas o blueberries.

PLATILLOS ÁRABES (bases)

PESCADO PICANTE

INGREDIENTES

1	*huachinango de 2 o 3 kilos*
500	*gramos de salsa de ajonjolí*
1/4	*de taza de semilla de cilantro molido*
4	*chiles verdes picados*
	sal y pimienta, al gusto
3/4	*de taza de jugo de limón*
1	*cabeza de ajos*
4	*ramos de cilantro verde*
1	*taza de nuez*
1/4	*de taza de aceite de olivo*

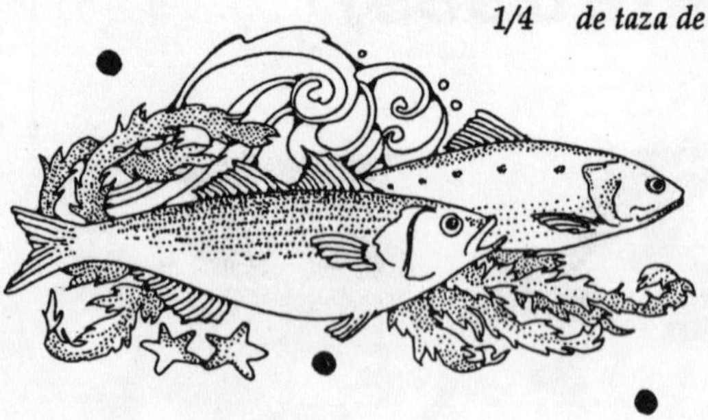

Procedimiento: Se lava bien el pescado y se deja reposar con sal media hora. Se mete al horno a cocer durante 35 minutos. Sacarlo del horno, dejarlo enfriar y pasarlo a un platón.

Manera de hacer la salsa: En una cacerola de barro se pone el aceite de olivo. Freír la semilla de cilantro molida y agregarle los chiles picados. Se deja sazonar bien y se retira de la lumbre. La salsa de ajonjolí se revuelve con el ajo molido, sal y el jugo de limón. Se rebaja con un poco de agua que no quede muy espesa. Esta salsa se vacía sobre lo anterior y se vuelve a poner en la lumbre a que hierva. Se apaga y se le añade la nuez molida, se vacía sobre el pescado. Se adorna con piñón y almendra fritos.

ROSTO

INGREDIENTES

1	*kilo de ternera o de chambarete*
1/4	*de taza de mantequilla*
1	*cabeza de ajos pelados*
750	*gramos de papas chicas*
	Limón al gusto

Procedimiento: La carne abierta se le pone sal y pimienta, se rellena con los ajos, se cose con hilo y aguja, luego se fríe en una sartén con mantequilla a que quede bien dorado, se saca y ahí mismo se fríen las papas peladas, se sacan, se vuelve a poner la carne para que se cueza con suficiente agua ya que casi esté cocida se le ponen las papas a que cuezan, por último, el jugo del limón. Se sirve con arroz blanco.

TACOS DE ACELGA

INGREDIENTES

1 1/2	*kilo de acelgas*
1	*taza de garbanza remojada un día antes, pelada y partida*
1	*taza de perejil picado*
2	*jitomates rojos picados*
5	*cucharadas de nuez picada*
1/2	*taza de aceite de olivo*
500	*gramos de arroz*
1	*taza de cebolla picada*
1	*taza de yerbabuena picada*
1/2	*taza de jugo de limón*
3	*cucharadas de piñón blanco o rojo*
3/4	*de taza de aceite*
	consomé en polvo, al gusto

Procedimiento: Quitarles el tronco a las acelgas (no tirar el tronco), lavarlas y pasarlas por agua hirviendo. Acomodarlas en un lienzo, si la hoja es muy grande se parte a la mitad. El arroz ya lavado y escurrido, se revuelve con cebolla, perejil, yerbabuena, jitomate, garbanza, limón, sal y pimienta. Aparte freír el piñón y la nuez a que dore un poco y agregarlo sobre el arroz. Las hojas se extienden y con el relleno formar los tacos. Los troncos de las acelgas acomodarlos en una olla, y acomodar los tacos, en capas encontradas. Agregar 2 1/2 tazas de agua, el consomé y todo el jugo que soltó el relleno; ponerlos a cocer a fuego suave. Si se seca antes de que estén cocidos, agregarles un poco de agua. Se pueden servir fríos o calientes.

NOTA: Este relleno sirve para rellenar calabacitas.

EMPANADITAS DE QUESO

INGREDIENTES

100 gramos de ajonjolí lavado y limpio
1 yema de huevo para barnizar
2 huevos
1 barra de mantequilla chica
500 gramos de queso Parmesano
1 kilo de pasta hojaldrada

Procedimiento: Se revuelven los huevos, la mantequilla y el parmesano formando una pastita. La pasta hojaldrada se extiende con el rodillo a quedar un poco delgada. Se cortan ruedas con un vaso y se rellenan con la pastita. Se cierran y se acomodan en una charola ligeramente engrasada, se barnizan con una yema de huevo y se les pone encima un poquito de ajonjolí. Se mete al horno 40 minutos aproximadamente a que doren un poco.

INDICE

Otros títulos de esta colección:

TU RECETARIO VEGETARIANO

TU RECETARIO VEGETARIANO, te brinda recetas con todo el contenido necesario para la salud. Proteínas, vitaminas, minerales.

Además, sabrosas, y prácticas.

Con este pequeño recetario tendrás gran alegría familiar.

Entre otras encontrarás, recetas como:

Ricas botanas: de queso con ajonjolí, pan relleno de entremes, aceitunas en escabeche, etc.

HUEVOS: como omelettes, con puré de espinacas, poblanos, rancheros, etc.

SOPAS: como la rica de flor de cabeza, la de champiñones, la de berro, de bolitas de masa, y otras.

PASTAS: spaguettis, canelones, lasagnas, crepas, etc.

Exquisitas y rápidas salsas.

Ensaladas, riquísimas.

Platillos diversos: Chow main, vegetales estilo chino, Delicias de aguacate, souffle de queso, coliflor al gratin, papas rellenas, acelgas en rollitos, chayotes rellenos.

y muchas más...

Colección vida familiar

EDICIÓN ABRIL 2001
GRAFIMEX IMPRESORES
BUENAVISTA # 98-D
COL. SANTA URSULA COAPA.